Wernfried Hübschmann

Nachrichten
aus dem Inneren
der Stimme

FSC

www.fsc.org

MIX

Papier aus ver-
antwortungsvollen
Quellen
Paper from
responsible sources

FSC® C105338

Wernfried Hübschmann

Nachrichten aus dem Inneren der Stimme

Gedichte

mit Zeichnungen
von Georges Ouanounou
herausgegeben
von Christian Fritsche

edition promenade

Die Wege teilen auch Dich.
Fort und über die Hügel.
Von der steinernen Höhe
siehst Du Dein Land.

Vorwort

Mit NACHRICHTEN AUS DEM INNEREN DER STIMME liegt Wernfried
Hübschmanns erster Gedichtband vor. In drei in sich geschlossenen
Zyklen sind Gedichte aus dem reichhaltigen lyrischen Schaffen der
letzten zwanzig Jahre ausgewählt und zusammengefasst worden.
Der Autor, der sich auch als Sprecher und Rezitator einen Namen
gemacht hat, hört tief in das Innere von Stimme und Sprache hinein.
Seine Gedichte entwickeln einen suggestiven und polyphonen Klang.
Wernfried Hübschmann stellt die Texte bewusst in die reiche Tradition
abendländischer Lyrik und geht zugleich mit dem literarischen
Formenkanon geschickt und spielerisch um.

    Gleichzeitig kommt es bei diesem Gedichtband zu einer grenz- und
genreüberschreitenden, künstlerischen Begegnung. Der französische
Maler und Zeichner Georges Ouanounou hat für dieses Buch Tusche-
Zeichnungen geschaffen, die vom Ursprung aller Kunst im Archaischen
sprechen.

    »Die Kunst muss ihre Kraft aus dem Archaisch-Irdischen beziehen,
wenn sie luftig und hoch sein will«, schreibt Wernfried Hübschmann in
einer poetologischen Notiz an den Herausgeber. Georges Oouananou
gelingt es mit mediterraner Leichtigkeit, dies künstlerisch luftig
umzusetzen.

    So stehen Bild und lyrische Komposition in einem spannenden
Dialog eigenständig nebeneinander.

    NACHRICHTEN AUS DEM INNEREN DER STIMME erscheint in der
edition promenade auch als Hörbuch, gesprochen vom Autor.

Christian Fritsche, im August 2013

Schattenfische

Singsang der Titelmelodie aus frühen Vögeln und andern Frühlings-
partikeln, hinter diesem schwarzen Rechteck (Wechselrahmen) liegen
Regenwolken quer im Himmelszelt: graue Gräten, die vom Fleisch sich
lösen zwischen kauendem Blau; darunter blühen die Märzzeitlosen.
Ich bin in die schwarzen Kammern gegangen, wo *Hades* der Eingang
zu einer Studentenkneipe ist, subaltern. Jeder Tisch sucht sein Faltblatt,
jeder Fisch sein Fallbeil = die gemeinsame Falzung. Aber ihr werdet
vorlieb nehmen müssen mit meiner Einsamkeit, die nicht die Eure ist.
Das Unterwelt-Organigramm: ein geschliffenes Pentagramm, kein Pardon
wird gegeben, keins genommen, funkelnd und oszillierend das Frühlicht.
Die Fenster fliegen davon, Bäume explodieren elegant, hörst Du es?
Kranichflügel rauschen in der Dämmerung, Kratzer am Horizont.

Ohrwürmer, orphisch, wenngleich die Teilung der Landschaft
variabel und wachhundfreundlich, sobald die Leinen los sind, aber
ich vertrag nicht den Druck auf den Ohren, den Dreck aus der Luft,
geschweige das Geschrei der bremsenden Räder = rotes Geäder.
Dort oben fliegt die andere Fraktion, das sind Luftschiff-Passagiere,
freilich: von oben ist alles Schnee, und der Höhenmesser fährt wild
mir in die Parade, so läuft wieder alles auf Hermes hinaus, den Flügel-
Flitzer in geheimer Mission, den Schinderhannes des Himmels.
Frag mich nicht, was ich plane, folge mir einfach auf dieser Reise!
Meine Lieder sind nicht aerodynamisch. Dein Schweigen wächst an
zu einem roten Anschnallzeichen. So weit ist es gekommen, dass ich
den Becher werfen muss, den Du mir gabst vor vier Jahrhunderten.

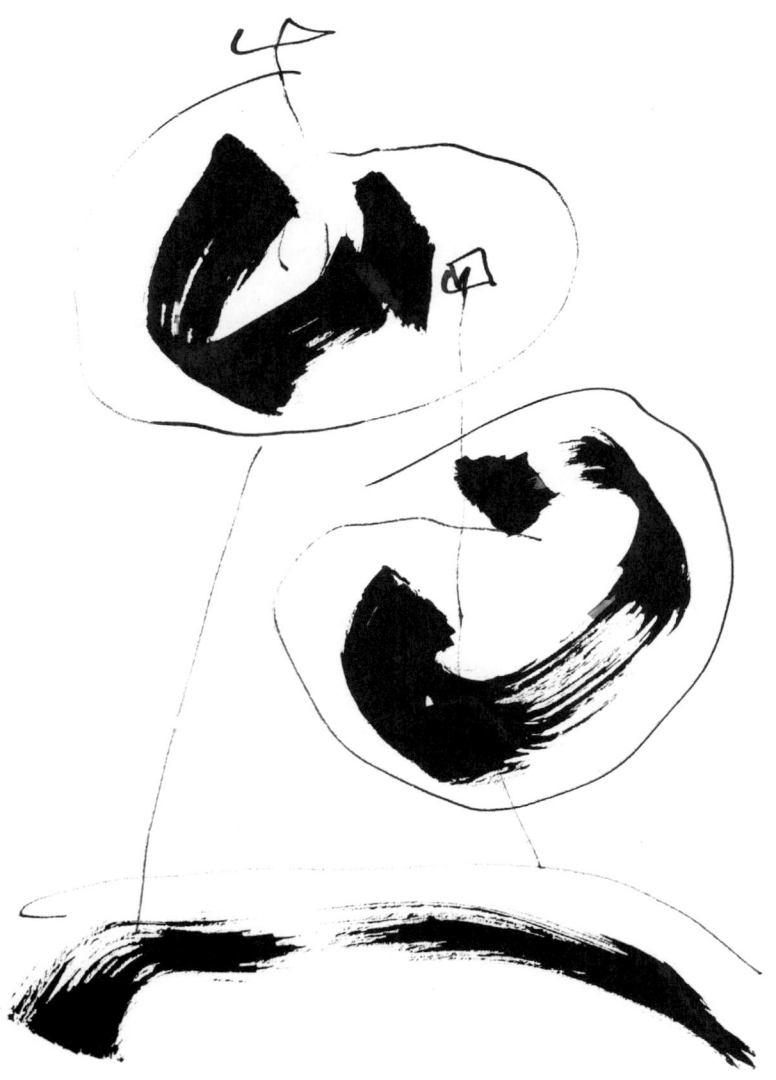

Bei Ankunft Nachdenken über eine verflossene Landschaft, die
Taktart der Masten, den Drahtverhau, die Stechmückenschwärme.
Wer hat die Spuren gelegt, die zur Kreuzung führen von Wirklichkeit
& Gedicht? Da und dort schimmert Melos, war das nicht eine
griechische Insel? Der Hohlweg meiner Gedanken; Hirtengesang,
den man hört, wenn man sich zwischen die Schienen legt, indianer-
gleich ... das ist aber von höchster Stelle verboten, weiß ist genau.
Gewiss: der Mond ist mein Gefährte, er bewacht die frühen Gräber,
die wir zu Ende ahnen & es ist wie mit Schrödingers Asche, die
entweder drin ist oder auch nicht. Vergiss die Gewissheit!
Mitgebracht von der Reise hab ich trockene Blätter, ein paar
Schattenrisse und die unwiderrufliche Stummheit der Urnen.

Waldeinsamkeit ist eine fixe Idee, eine poetische Überdosis:
ICH ist nicht dabei, ich fehle auf jeden Fall, wenn das Gedicht sich
aus dem Staub macht, ein Strauchdieb, ein Vogel, der aus dem Nest
fällt, ungewisser Ankunft entgegen, seiner späten Erleuchtung.
So war es im Wald, mitternachts, kein Mond, keine Taschenlampe,
nur die Gerüche der Büsche, das Knistern der Zweige, diese Last
auf den Lippen und das Erlebnis des Körpers, demnächst ICH.
So kam ich auf die Lichtung, wo Blitz war und alles zerschlissen
und schwarz die Gesichter der Bäume, dort wollte ich wohnen,
dort eine Hütte erbauen, ein Steinhaus vielleicht, wie Jeffers,
auf der Klippe überm Pazifik, nah bei Carmel: *tor house*, ich fuhr
mit dem Finger die Rinde entlang, Notenlinien, Totenlinien.

Altwasser, im Traum zum Anfassen nah (ein Albtraumanwärter),
wie eine Schattenmühle, Klatschen des Wassers gegen Ufersteine
und Pappelalleen. Dort wusch ich meine Zukunft, das, was kommt,
dort warf ich flache Flippersteine in die wandernde Zwillingszeit.
Wie oft sie springen, so lange musst Du warten, gegenwarten,
das zermürbt, der Fluss ist das *big picture,* das sich mäandernd
verändert. Bei Sommerhochwasser krochen die Ratten hervor,
an Juniabenden hoch in den Park, sie waren friedlich & sanft –
Wo liegt jener Teppich aus Moos, auf dem Du morgens wanderst,
barfuß, auf gezirkelten Zeilen, denn das ist schwankender Boden,
ein Schwamm, vollgesogen mit Watt, Du und ich im tiefen Schilf,
das mir im Nacken sitzt. Meine tragischen Eingeweide erzittern.

Bin ich gemeint, wenn's tost und donnert, wenn versiegelte Silben
Asyl in der Trauer vermuten? Die Luft ist eine Ampel, springt auf
Blau. Blau ist die Gegenfarbe, die Farbe des Wollens, Blau ist
die Farbe meiner Trauer. Der Auwald erglüht, wenigstens weiß,
neben der morschen Sporttribüne, die verwittert, dann kommt das
Forsythien-Fieber, Flieder, Akazien, dann die Kastanien mit ihrem
Karneval aus Weiß und Rot. Große Farben-Verwirrung, Abschied.
Aber es kam ein Ross, um seinen Reiter zu umarmen. Das wird
meine Rettung! Jetzt muss ich meinen Vers in den Schatten stellen,
damit er nicht verbrennt in der Sonne, deren Namen ich vergaß.
Dann kam der Kanal, da war die *nature morte,* nichts bringt uns
das Gefieder der verstörten Vögel zurück, wartet Arbeit & Trauer.

Wolken/Vulkane, keines ist mein weiblicher Bruder, das ist hart,
aber ich willige ein. Träume lösen Begriffe, aber die Wörter bleiben
zur zweiten Geisterstunde zwischen vier und fünf: da bin ich rastlos,
weil die Wolken wachsen, ein Wachsein mitten in diesem Graubrot.
Das Grauen ist nicht grau und die Wolken wachsen in mich hinein.
Halbschlaf und die geviertelten Stunden der Kirchturmuhr, Turmuhr-
worte, orphisch gefärbt, gefilzt. Wie heißen die Schatten mit Namen?
Zuerst die Nachtigall (der Sprosser), dann die Amseln, ihr Schwarz-
brot, der gebrochene Morgen, frische Wortaufschüttung wie Tau
und das Tauwetter meiner selten gewordenen Augen. Unklar ist:
Wer entscheidet über den Einsatz von Synkopen, die Zyklopen?
Lauschen, Hören, Horchen, Gehorchen, Verstummen ... Summen.

Auch der Kehlkopf ist nur ein Kopf, Herr über Schilde, Sehnen und Pfeile, eine Dunkelkammer für Töne, denn Entwicklung geht immer – ein Luftschloss, ein Elfenbeintor, ein Schwingungsbarometer. Ich denke mit der Stimme, ich denke mir Deine Stimme: es hub an, es begab sich, begann ... so entsteht Zeit, reine Erzählzeit, ich höre Dein Denken (ein Summen, wer sich dem Bienenstock nähert). Deine Stimme weiß mehr über dich als Du selbst, sie weiß, dass die Apfelbäume sich häuten, dass auch die feinsten Register eine Soll-Bruchstelle haben, sie spendet Trost (manchmal auf Vorrat), sie kennt auch den Maiberg, den der Sturmwind hingeblättert hat. So werd ich alle sieben Jahre ein- und ausgeatmet. So hebt und senkt sich die Welt. So blühe ich heimlich und vergehe, Dir voran.

Aus freien Stücken bin ich zusammengesetzt, aus Platanen-
rinde, die blättert, der Mähne eines Wildpferds, und Pneuma:
mein Körper erinnert sich, nicht mein Ich. Unvergleichlicher
Anlaut des Lebens, das Tunnel-Gefühl vor dem Geburtsschock,
wenn der Atem andockt. Alles beginnt mit einem Riss in der Luft.
Kirchenglocken schlagen in dieselbe Kerbe, die ich nicht aus-
schlagen kann ... für seine Härte ist dieser Winter zu rühmen,
für seine Kälte, seine Klarheit (Bedingung der Freiheit), aber
jetzt streift der Hügel das Eis ab und der Portikus ruft: Halt!
Sieh Dich um: Frühling, der sich grün über die Hügel ergießt,
in der Ferne Bauminseln, blühende Türen zum Schwarzwald,
die Gischt der Apfelbäume, kein Kartoffelfeuer vor Offenburg.

Der große Hund ist schon verschwunden vom Nachthimmel
im Mai, nur Prokyon schimmert noch schwach, ein Prüfstern
für meine Augen. Die Farbe verrät ihn, nicht die Entfernung.
Ich gebe zu, dass der Blick mir verschwimmt, doch vom Staunen
bekomme ich nie genug. Wir haben den Schmerz mit dem Schock
platzen lassen, wir haben das Adrenalin im Griff. Dafür zittert
die Hand. So tausch ich im Traum ein Fell gegen ein anderes.
Da fliegt die mit Hirten beschriftete Landschaft, dort hinten
(ich seh' es genau) ist der Hund begraben, in einem Hügelgrab.
So fiel ich, so fiel ich mir zu, Dir entgegen aus luftiger Höhe.
Mein nomadisches Gewissen. Verzeih – ich hatte kein Netz!
Sei ohne Furcht: Der Schwan hat sich vom Horizont gelöst!

Cantus firmus: Fremdheit selbstbestimmten Daseins!
Nicht, dass ich fremd bin, außer Landes, ein Flüchtling –
das ist normal; das Elend = Ausland, das ich meine, steckt
wie ein Splitter im Licht, wie erhofftes Dunkel, die Ruhe
im steigenden Jahr (Du liegst auf dem Rücken). Ginster
sieht von unten aus wie Kunst, abstrakt und schwebend,
leicht und kühl, Bote der Finsternis mit gelben Rispen,
meinen Augen ein hübsches Geschenk zum Geburtstag.
Wenn der Sommer dann aufkocht, ein Topf mit Milch,
die überfließt, dann schwimmen wir blind aus der Welt,
stimmbrüchig, wie wir sind, haben wir nichts außer Schilf,
das uns davonträgt, ein weißes, ein summendes Schiff.

Zwölf-Ender: kapitales Gedicht = Hauptstadt der Schmerzen.
O seliger Aufruhr! Auf meinem Ansitz warte ich auf den Einsatz,
den EINEN Satz, auf den es ankommt, auf den jede Zeile hin-
taumelt, trudelt, strauchelt, wie der Schaufler nach dem Schuss
und nicht fällt (noch nicht fällt). Die Hunde hecheln, rennen los,
nehmen seine Fährte auf und hetzen das Wild, o deutscher Wald,
du grausamster unter den Wäldern, über deinen Gipfeln ist Unruh –
mein Elixier, der Mix für meine Sprache, das hat mir jene Stimme
geflüstert, die ich nicht kenne, ich kenne den Sprecher nicht.
Da ist Blut an der linken Hand ... Ich bin es, ICH ist getroffen,
aber jedem Ende wohnt ein Echo inne, so ein Volkslied, das
innen wohnt. Auf meiner Stimme liegt Blütenstaub, Schnee.

Mäandertal

Wir Mäandertaler

Somos el tiempo.
Jorge Luis Borges

Wir sind Mäandertaler. Wir durchwandern das Tal, rast-
und ruhelos. Wir buchstabieren Grashalme, Bäume und Wiesen.
Es gibt nur einen Fluss, der sich vielfach verzweigt.
Wir leben in einem fruchtbaren Delta. Das Meer ist nicht fern.
Man kann es riechen.

Wir begrüßen Menschen und Tiere. Wir lächeln und reden
freundliche Worte. Wir lieben die Erdgeister, wir lieben
die Luftgeister. Wir sind ein Gespräch und gehen selbdritt
durch den Abend. Wir sprechen mit den Toten. Wir
lauschen den Lebenden.

Wir haben auch Werkzeug: Keile und Äxte, einfache Hämmer
aus Holz, rostige Messer. Auch Computer besitzen wir,
Maschinen, Raumschiffe, Schreibgerät, Fernrohre, Mikroskope,
Zollstöcke. Wir vermessen die Landschaft, wir entwerfen
Karten und Skizzen.

Wir lieben Umwege. Unser Tal ist ein Urstromtal, wild und
voller Gefahren. Jeder Weg, den wir gehen, verschwindet
sofort hinter uns. Wir schreiben die dritte Natur. Wir werden
geschrieben. Die Zeit schreibt uns. Wir beachten sie nicht
und sie achtet nicht unser.

Wir begegnen uns in jedem Ding. Die Luft ist voller Spiegel.
Wir leben in traurigen Tropen. Die Orte wachsen mit uns
und hinter uns sinken sie ab. Wir treiben und werden getrieben.
Wir umarmen die Bäume. Wir reden mit den Vögeln.
Wir sind Melancholiker.

Wir sind einsam, aber nicht allein. Wir hören die Sprache
der Pilze, die Stimmen des Wassers, das Rauschen der Wolken.
Wir sind glücklich in den Zwischenräumen, wir schweben
zwischen Himmel und Hölderlin. Die Epochen verlieren sich
in der Weite des Tals.

Wir sind Nomaden. Wir essen die Früchte am Wegrand. Oft
versteigen wir uns in labyrinthischen Wäldern aus Klang.
Seltsame Tiere schauen uns an. Wir schultern wacker unser
Nervenbündel. Wir wandern und träumen zugleich.
Wir sind Mäandertaler.

Im Frühjahr musst Du das Sprechen neu lernen,
eine Lippenerkenntnis wie Schorf, von den Wegen
geplatzt. Märzwind fegt von den Dächern das Moos,
nackte Platanen mit Stämmen seidenblass, dunkle
Muster, das herbe Murmeln am Ausgang der Nacht,
ein fremdes Schweigen mit erhöhter Silbenzahl,
eingewandert in grünes Gefüge, in Baumkronen,
denen das Licht zwischen den Zweigen zerrinnt.

Hochwasser

Berge fallen vom Himmel,
der Abend wird immer blasser,
mein Fuß steht auf blauem Grund,
der Wald taucht in schweres Wasser.

Luft spiegelt, was nachts geschieht,
Bäume stehn kopf und der Wind
weiß noch gar nicht, wohin er zieht.
Alter Mann träumt, er sei ein Kind.

April ist hier ein unerbittlicher Glanz, ist
Gleichnis für die Wiederkehr meiner Augen
aus dem Exil. Was in erloschenen Wolken
sich abspielt, wissen wir nicht: Wunschbilder,
porösen Steinen verwandt. Meine Wüste, Teil
gebeugter Erde, schürft nach Vorgeschichte,
dieses Wort, aus dem die Worte quellen wie
Früchte aus Kelchen, Springzeit, die Nächte
sprechen mir aus dem Herzen, und bisweilen
ist das Fleisch der rechte Ort zum Singen.

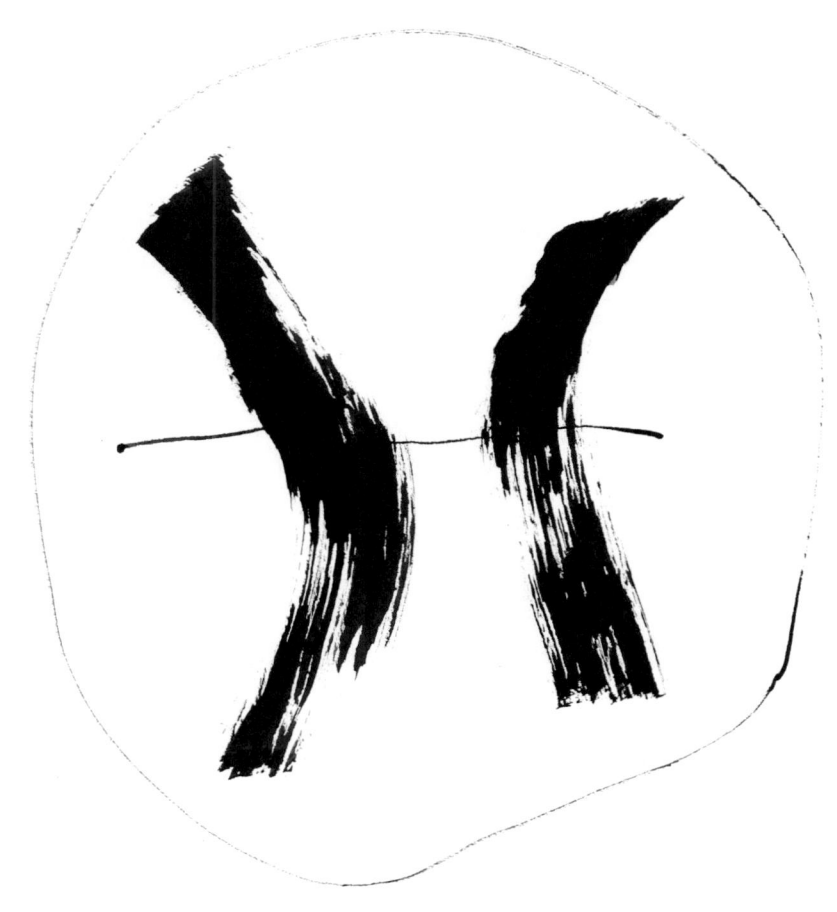

Holunder glüht den Bahndamm
entlang, Blütenteller, essbar wie
Obst im höher gelegenen Sommer;
einmal lag ich darunter und schlief,
einmal las ich dem Herbst aus der Hand,
ein andermal trank ich den bittren,
aus Dolden gewonnenen Saft, aber
da hing schon das Land in den Schnee.

Was die Alpen, wenn Du ein Tal nimmst
wie Linien der Hand und sie ausstreckst,
dann sagen, und ihr Fleisch abklopfst,

graue Rücken, auch die bläulichen Adern
bewanderst mit dem Gehör, irgendwo rüstet
immer ein Echo, aber der Herbst drängt

die Wolken zurück in verschwiegenes Weiß,
Fledermäuse dämmern kopfunter im Stall,
lichtscheues Volk, doch entschlossen

zur Jagd, ihre klaren, nächtlichen Schreie,
wenn Du über verhärmtes Weideland gehst,
Schattenspiel, das den Kammerton trifft.

Der große Gesang vom abgeernteten Leben,
Gestirne zeigen sich, die kältere Pracht
auf einer Lichterskala, nach oben offen.

Versuch übers Wetterleuchten, das
den Himmel zerreißt, Rahmen sind aufgetan
zur Begrüßung sturzbetrunkner Gefühle, die
blühen in mehrfach gestorbenen Räumen,

Asche, weitergereicht, abgeregnete Wünsche,
ein Farbensprung über den Sund, über jenes
dänische Zwischengewässer, eine Trugblume
leuchtet vom Rand des Gesehenen herein.

Die Wolken gelockert, ein verdoppeltes
Urstromtal, aus dem Traumbild geschnitten,
ein Flirren, und Bienengeschwader im Wald,
Heiligtümer und Dolmen, Sumpfgarben, Farn,

das Auge teilt wie ein Taktstock die Luft,
Gewölbe aus Grenzen, Krümmung der Erde,
des Blicks, und es springen die Namen auf
wie lange verschlossene Gräber, gelähmt

von den Verheißungen letzter Instanzen.
Dann schlägt das Stakkato der Ahnungen
durch gehärtetes Licht und mein Mund wird
zum Tier, das mit Himmelsrichtungen spricht.

Wie ein Dompteur, dem die Sinne durchgehen,
und der Herbsthagel einer Kastanie, ihre
nächtliche Blässe, zitternde Kronennaht.

Winkelzüge, Verwerfungen in der Luft
über dem Schwarzkies, den Schotterstreifen,
auf die das Metallband genagelt ist,

das uns trägt, ein rauer Lichtstift,
make-up eines Bahnhofs und Reiseanfälle
ins Jetzt, Weißfahrten, laufende Nummern,

reglos wie verschüttet geronnene Tinte,
Nachtblau, von allem Alleinsein gereinigt
und ein Redefest, ein Sieb aus Gesagtem,

unter das wir uns legen, kühl bis ans
Herz hinan, aus dem fernen Gedächtnis
grüßen stillere Flüsse, Altwässer, Sand.

Das geflochtene Jahr, die Risse im Blick, Schwellen-
Angst vor den brechenden Zeigern, den Rebstöcken,
unter denen ein Mann liegt, den Firnwein erwartend,
Bodennebel sind mit ihm und richten ihn zu
für die Fahrt ins Graue, in kalkigen Himmel, wo
Raben flackern, Blechbüchsen, bunte Planeten,
aber der Klee steht im Saft, Kastanien, Birnen
schlagen sich wund, lagern abseits vom Stammbaum
und Wasser kommt näher, jemand sagt, wir wärn
wo auch immer zuhause, ich schwanke im Wind, ich
halte dafür und dagegen, laufe den Abhang hinunter
zum Glück, das ist eine ausgewanderte Kunst.

Somnambulare I

Der Himmel vernarbt gegen Abend, Fönlicht
verdoppelt die Objekte, schleppt sie fort.
Komm! Mein gekrümmter Traum, lösch

dieses Anrennen gegen die Luft, verwildertes
Wandern. Es regnet Weizenkörner, aber sie
prallen vom Mantel ab.

Was hab ich denn getan? Bei dieser nackten Frage
bleibt der Atem stehn, um Ahnungen gesteigert:
Lösungsfeuer, erfundenes Gesetz und

mein heidnisches Gewissen macht sich auf den Weg
durch die Alleen, übers Gebirg, auf Trampelpfaden.
Rohstoffe, schon zertrauert

und getränkt mit sich mählich verjüngenden Paradoxien.
Aus den Platanen fallen Abschiedsbriefe,
Zugvögel lesen sie vor,

ein verwirrendes Lied, ein gerichteter Ton.
Sag Deinen Satz! In dunklen Büschen
atmet ein harmloses Herz.

Somnambulare II

Vom Herbstlicht geblendete Bäume, Rauschen
im Niemandslaub, und Wolken nähern sich
wie Blindenschrift.

Die Dämmerung ist meinem Bild ein Drehmoment
in Ordnungen wievielten Grades? Reste von
Tanzmusik, des Sommers

Nachgeburt, von Flimmerhaar gefiltert.
Dort lagert Stoff für Anfang und Beginn,
wie feiner Schlamm,

am Flussgrund mitgeführt auf schiefer Bahn,
von Jahr und Tag geschleift, zermahlen
zu Erzählstaub.

In Trümmerstunden wächst die Ungeduld,
der Atem pocht, die Luft nimmt mich
beim Wort

und hält den Regen auf. Was hör ich?
Ist es Knochenecho oder das Klopfen
eines Blindenstocks?

Steine rauschen, sie zählen uns an,
der ganze Äon ist das Nennen der Zahl
Eins. Wer sie hervorbringt am Ende,
geht in sie ein, und niemand weiß es,
er selber hat es vergessen, er reicht
den Steinen zum Abschied die Hand.

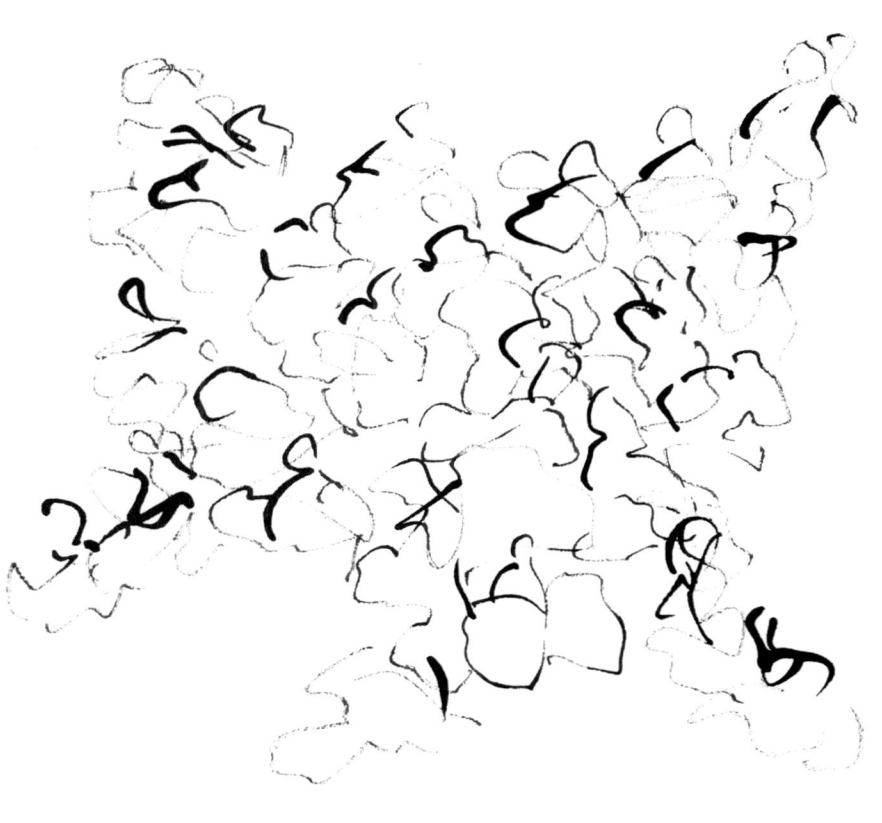

Katakomben

Katakomben

Die Museen

In der Stille der Museen, nachts,
wenn die Bilder nach ihren Müttern rufen,
sähe man wandernde Hände, ins Gespräch

vertieft mit den Bewegungsmeldern, Schatten
von Stimmen, blühende Linien, eine große Woge,
rittlings von herrlichen Toten bewohnt,

Torsen auf der Suche nach Vollendung,
kahle Gänge, von bleiernen Namen erfüllt,
die Ruhe vor dem Sturm auf alte Meister,

die wissen: hinter den Bildern wird's licht,
und Farben und Stoffe, kopfunter gehängt,
eine Folterkammer mit Blick auf die Sterne.

Der Körper des Hundes

Die Hundekehle ist mir eingepflanzt,
wo anderen Organe wachsen für Gesang,
wenn mir der Trieb zu reden Laute stanzt,
treibt man mich von den Türen nächtelang.

Ach, selbst die Gasse nimmt mir übel, daß
mit feuchter Schnauze alles ich berieche,
was vor die krummen Pfoten kommt, und naß
wird jedes Eck, um das ich mich verkrieche.

Ein heisres Knurren ist euch schon zuviel,
mein treuer Blick ist euch so unerträglich,
weil ihr an Seitensprünge denkt, im Spiel
mit mir beneidet ihr mich täglich

um meine Freiheit, einfach loszulaufen,
ein weggeworfnes Schulbrot findet sich
und eine Pfütze, um sich vollzusaufen
und ein Quartier im warmen Straßenstrich.

Die Zunge ist mein Austausch mit der Welt,
die Kehle unterm Fell mein Knochendach,
aus dem es manchmal unvermittelt bellt.
Mein Herz pocht schneller und ich liege wach.

für Giacomettis Hund,
mein Totemtier

Die Uhr

Das Atmen der Uhr, scheinbar hält sie den Takt,
gibt ihn weiter an Rädchen, Feder und Zeiger,
aber in Wahrheit ist das Metall ein Schweiger,
der sein Wissen im Innern der Zunge verpackt.

Hörst Du die rastlosen Selbstgespräche? Hecheln
des Zwischenraums, der die Nebenrollen besetzt
und die Ziffern vergibt und die Tage vernetzt.
Siehst Du die Übergänge ins Licht? Ein Lächeln,

als hätten Glocken geschlagen im Vorhof der Zeit,
den Du sehenden Herzens betrittst; wie von weit
schwillt der Rhythmus des Hierseins zum Rauschen.

Du hältst inne: ein kunstvoll beatmetes Bild
zeigt dir Furchen und Adern und Scharten, gewillt,
mit dem Antlitz der Uhr den Atem zu tauschen.

Das Ohr

Es ist so dunkel, dass ich nichts mehr höre,
so überhell, dass sich mein Ohr verschließt;
mein Augenlicht, wenn ich es je verlöre,
verbliebe als Erinnerung, die fließt

und wankt und taumelt und sich stößt
an jenen Räumen, die der Klang vergaß,
von Fingern abgetastet und entblößt
von Schwingungs-Antwort, dem verborgnen Maß.

Die Erde

Betrunken von je: dieses Ellipsoid,
Rotation, verschärft noch im Schlafe,
unsere Albträume sind eine Strafe
für Verbrechen und Genozid.

Und die Linien der Luft: Meridiane,
verrätselte Adern, ein Abschiedslied,
das wie Rauch um den Erdball zieht
vom Schwelbrand antiker Vulkane,

die längst nicht alle erloschen sind;
ihr Ausbruch ist Lava und Lynchjustiz.
Vom Strauch der Nüchternheit essen macht blind,
wer es tut, kommt ins Narren-Hospiz.

Wenige schauen den Grund ihrer Schalen.
Oben am Kraterrand bleiben Sandalen.

Die Alleen

Alleen geben Deinen Schatten weiter,
Dein Wanderschritt verlängert Baum um Baum.
So wars in Tübingen und St. Johann, ein Traum
bei Rheinsberg und in Regensburg fast heiter

wie zweites Leben unter Blätterkronen,
ein Gehn im Laub, von Gitterlicht umweht,
als Daseinsrichtung ist Dir eingedreht,
das Unterwegssein sei das bessre Wohnen

unter Kastanien, Pappeln, Kaiserlinden,
unter Platanen, die sich häuten, schälen.
Auch bei den Trauertürmen steht ein Tisch,

gedeckt mit Fragen aus den Antwortwinden.
Nimm Dir die Zeit, um Deinen Teil zu wählen.
Und in der Dämmerung springt der Schattenfisch.

Das Auge

Das Auge selbst, uns gänzlich unbekannt;
wir wissen nur: zwei Pfeile im Gesicht,
verankert in der Schädelhöhle, Licht
vom Außen, eingeschleust ins Land

im Kopf. Der Weltraum steht spiegelverkehrt,
die Linse dämpft die irre Überblendung
und übersetzt die unverstandne Sendung
in eine Matrix von begrenztem Wert.

Was wir erkennen, sind die Projektionen
aus kryptischer Geschichte, aufzuschreiben
erhöht die Chancen, dass sie uns verschonen

mit Zielumkehr, sonst wären wir die Scheiben
in einer Bienenwelt, nutzlose Drohnen,
Freiwild, gesichtet, um es totzutreiben.

Der Horizont

Stimmen am Horizont,
ausgesetzt der Verwesung,
eine gespenstische Lesung
die in den Wolken brennt.

Eine Wimper, verweht,
wie durchbrochene Schatten
immerwährender Ratten.
Keine Zeit mehr, zu spät.

Die Hochbahn

Die Hochbahn rot und ocker: was Stabiles
im wirren Netzwerk dieser Nekropole,
sie gleitet fernbestimmt auf fester Sohle,
nur unsre Schritte sind etwas Fragiles

zwischen Bahnsteig und Trittbrett *mind the gap!*
Stationen ähneln sich wie Halbgeschwister,
missratne, abgebrochne Typen: *Mister,*
Sie sind schon eingelullt ins world-wild-web!

Der schräge Dreiklang und das Rotlichtblinken,
ein Ritual für fluchtgeweihte Penner
mit ihren Plastiktüten; sie verdämmern, stinken

als Gegenpart der well-gedressten Männer,
die angenervt in schwere Mäntel sinken.
Sie fürchten ihre Ahnungen, sind Kenner.

Die Frühschicht

Schmelzwasser regnet von den Ziegeldächern,
der Zeitungsjunge wärmt sich an der Pulle
und greift nach seiner halbzerquetschten Stulle,
die Häuserschluchten öffnen sich und fächern

das Morgenlicht in brüchige Sequenzen;
beim Bäcker gehn Gerüche aus und ein,
die Straßenbahnen knirschen, und ganz klein
beginnt in den Büros ein scheues Glänzen.

Die alten Frauen folgen ihren Hunden
wie früher ihren Männern, doch die Leine
halten sie triumphierend über ihre Wunden,

den einzigen Besitz. Wie seltne Steine
hegen sie den Verlust in diesen Stunden
und biegen ums Vergessen, ganz alleine.

Das Bettzeug

Die Kissen simulieren weißes Rauschen,
die Lust vergräbt sich wie in Quarantäne,
doch wo genagelt wird, da fliegen Späne;
mit etwas Übung kann man es erlauschen,

das Tauschgeräusch, das in den Adern gründet,
den Rhythmus, der den Kreisel nimmt und dreht,
ein Immermehr, das durchs Bewusstsein weht,
in den Verlust der Selbstkontrolle mündet.

Das Scheitern ist in diesem Spiel gesetzt.
Mit wem? Das geht hervor aus Zeitkontrakten,
die man, halbtot, durch Tode noch verletzt,

am besten ausfüllt, unterschreibt. Die Nackten
und frisch Verlassnen sind sich treu, gehetzt
vom eignen Unglück lechzen sie nach Fakten.

Das Gehirn

Die Bilder gehen lenzgleich
durch mein Gehirn,
ein limbisches Museum,
begrenzt von Firn,

ein schmelzender Rahmen
mit Kippfigur.
Wer nennt die Namen?
Ich bin ja nur –

Anmerkungen

7 *Schattenfische:* Benennung Goethes für »Erinnerungen«.

10 *Schrödingers Asche:* Erwin Schrödinger (1887–1961), dessen Katze eine Metapher ist für eines der größten Rätsel der theoretischen Physik.

11 *Robinson Jeffers* (1887–1962), amerikanischer Dichter, der sich an der kalifornischen Küste bei Carmel aus groben Steinen ein Wohnhaus errichtete: tor house, daneben den hawk tower. »Die Schönheit, die ans Herz geht, wird fortbestehn, auch wenn kein Herz mehr danach schlägt.« Robinson Jeffers, Credo (Übersetzung: Eva Hesse).

21 »Großer Hund«, »Prokyon« und »Schwan« sind Sternbilder am Nachthimmel im Mai.

23 *Hauptstadt der Schmerzen* ist der Titel eines Gedichtbands von Paul Éluard (1895–1952).

49 *Katakomben* waren im alten Rom unterirdische Grabkammer, Schädelstätten, Verschlusssachen einer urbanen Hochkultur im Niedergang.

55 *Die Uhr:* auf eine Bleistiftzeichnung von Maren Ruben.

58 *Die Erde:* Die Erde ist ein Rotationsellipsoid. Der Philosoph und Politiker Empedokles stürzte sich, der Legende nach, im Jahre 435 v. Chr. in den Schlund des Ätna (siehe auch Hölderlins Empedokles-Fragment). »Da wo die Nüchternheit dich verläßt, da ist die Gränze deiner Begeisterung« (Friedrich Hölderlin, Reflexion).

Inhalt

Katakomben

Wernfried Hübschmann, geboren 1958 in Regensburg, ist Lyriker, Essayist, Sachbuchautor, Rezitator und Kommunikationsberater. Studium der Germanistik, Geschichte, Philosophie, Sprechwissenschaft und Sprecherziehung; zahlreiche Veröffentlichungen von Gedichten, Prosa und Essays in Zeitschriften, Zeitungen und Anthologien.

Georges Ouanounou, geboren 1944 in Casablanca, lebt als freischaffender Maler in Paris und den Cevennen. Zahlreiche Ausstellungen im In- und Ausland. Er begegnet der Welt mit offenem Herzen, wachem Geist und einem schöpferisch kraftvollen Optimismus.

Alle Rechte vorbehalten.
© 2013 Verlag edition promenade
Hornschuchpromenade 17, D-90762 Fürth
www.edition-promenade.com
Satz: Armin Stingl
Umschlagfoto: Julia Carlotta Fritsche
Tuschezeichnungen: Georges Ouanounou
Herstellung: www.bod.de
Printed in Germany
Erstausgabe
ISBN 978-3-944897-00-4

edition promenade